APRENDE A PREVENIR EL BURNOUT

Las claves para evitar el síndrome de desgaste profesional

Por Priscillia Mommens-Valenduc

Traducido por Laura Bernal Martín

LAS CLAVES PARA EL ÉXITO

EL SÍNDROME DE DESGASTE PROFESIONAL

- **¿Problemática?** ¡No sucumbas a la espiral infernal del síndrome de desgaste profesional o *burnout*!
- **¿Utilidad?** Esta obra te ayudará a tomar distancia y a gestionar mejor tus emociones; a conocer tus límites y a respetarlos; a ser más indulgente contigo mismo y a bajar el ritmo.
- **¿Contexto profesional?** Salud y bienestar en el trabajo.
- **¿Preguntas frecuentes?**
  - ¿Cómo reconocemos el desgaste profesional?
  - Estrés o desgaste profesional: ¿en qué punto hay que alarmarse?
  - ¿Existen profesiones de riesgo?
  - ¿El desgaste profesional es una enfermedad?
  - ¿El desgaste profesional está reconocido por ley?
  - ¿El desgaste profesional es contagioso?
  - ¿A quién dirigirse en caso de padecer desgaste profesional?

El trabajo es más que una forma de ganarse la vida: ¡es tu pasión! En el día a día, te entregas en cuerpo y alma para cumplir tus tareas, ofrecer calidad y alcanzar o incluso superar tus objetivos. Eres concienzudo, perfeccionista, y quieres que te valoren cueste lo que cueste. En este sentido, nunca pones mala cara, y no dudas en hacer horas extra. Eres el primero en llegar y el último en irse, y tiendes a seguir con el trabajo en casa «solo para terminar una tarea». Motivado por completo, desbordas motivación y energía. Siempre trabajas mucho... ¿demasiado quizás?

Con el paso del tiempo, tus momentos de descanso se acortan, tus tardes en familia y entre amigos son escasas. Siempre tienes la cabeza en el trabajo y ya no hay lugar para la vida privada.

Y, en lo más profundo de tu interior, existe un nudo de estrés que ya no te abandona. Cansado, exhausto, tu cuerpo ya no soporta este ritmo infernal. Debido a la sobrecarga, ya no das la talla: acumulas errores, ya no te gusta tu trabajo y te invade un sentimiento de fracaso, hasta el punto de llegar a perder tu autoestima. El proceso se ha puesto en marcha sin previo aviso, no lo has visto venir. Ahora te das cuenta, pero ya es demasiado tarde: el desgaste profesional se ha apoderado de ti.

¿Cómo evitar llegar a este punto sin retorno? Aprende a cuidarte, a escuchar a tu cuerpo y a encontrar el equilibrio. Detecta las señales precursoras del desgaste profesional e identifica los comportamientos de riesgo antes de perder el rumbo.

EL ABECÉ DEL *BURNOUT*

¿QUÉ ES EL SÍNDROME DE DESGASTE PROFESIONAL?

Los medios de comunicación llevan más de una década sensibilizándonos a este verdadero flagelo de la época actual: el desgaste profesional o *burnout*. En español, el término anglosajón no aparece en el Diccionario de la Real Academia y puede sustituirse por «síndrome de desgaste profesional» o, más coloquialmente, por «síndrome del profesional quemado».

Literalmente, el verbo inglés *to burn out* significa «quemarse hasta consumirse». Así, el trabajo consumiría a la persona que padece *burnout*. Experimenta una fatiga intensa, tanto física como psicológica, fruto de un sentimiento de impotencia y de desesperanza.

El *burnout* en la literatura

El concepto se inspira en la industria aeroespacial. En su origen, el término se refiere a un cohete con poco combustible y cuyo motor se ha sobrecalentado y amenaza con explotar.

Fue en 1969 cuando se utilizó por primera vez en un artículo la palabra inglesa *burnout* para describir un fenómeno psicológico específico del mundo laboral. El autor, Harold Bradley, preconiza el establecimiento de una estructura que se destinaría a proteger del desgaste a los agentes de libertad vigilada que trabajan en un programa de tratamiento comunitario para delincuentes juveniles.

En 1974, el *burnout* aparece en un nuevo artículo, redactado esta vez por Herbert Freudenberger. Psicólogo en una clínica para toxicómanos en Nueva York, el autor describe el proceso de desmoralización, de desilusión y de cansancio que ve en los voluntarios que colaboran en la clínica. El psicoanalista y el propio especialista han sido víctimas del desgaste profesional en dos ocasiones, un dato que sin duda contribuye a la credibilidad de sus escritos sobre el tema. Además, hoy se le considera como el padre espiritual del concepto. Mediante la imagen metafórica de «quemadura interna», Freudenberger compara a las personas con viviendas que han sufrido un incendio:

> «Debido a la tensión provocada por la vida en nuestro complejo mundo, sus recursos internos acaban por consumirse como por acción de las llamas, dejando solamente un inmenso vacío en su interior, aunque el envoltorio externo parezca más o menos intacto».
> (Freudenberger, 1987)

En 1976, en el marco de sus investigaciones en psicología social, Christina Maslach amplía el concepto de *burnout*, hasta entonces reservado a los profesionales del acompañamiento de apoyo, al conjunto de personas cuya profesión requiere un fuerte compromiso emocional y social. Este grupo no solo comprende al personal médico, sino también a los trabajadores sociales, a los profesores e incluso a los abogados.

El *burnout* hoy en día

Desde sus primeras acepciones, la definición del *burnout*

no ha parado de perfeccionarse. Son muchos los médicos y los autores que han reflexionado sobre la cuestión, pero todos están de acuerdo en un aspecto: el proceso se origina en el ámbito profesional. Mientras que en los años setenta creíamos que el desgaste profesional se limitaba a las profesiones de «apoyo», los analistas y los especialistas, a finales de los años ochenta, llegaron a la conclusión de que el síndrome afecta a un número mucho más amplio de trabajadores: se trata de un verdadero fenómeno social que no perdona a ningún sector laboral. Las investigaciones sobre sus factores potenciales y sobre su tratamiento prosiguen.

LAS TRES DIMENSIONES DEL DESGASTE PROFESIONAL

Los estudios de Christina Maslach han contribuido mucho a la definición de las principales características del desgaste profesional y a su diagnóstico a finales de los años setenta. En 1981, junto a la psiquiatra Susan Jackson, la psicóloga se dedica al desarrollo de un método que permita cuantificar el síndrome. Para ello, Maslach y Jackson identifican las tres principales dimensiones del desgaste profesional: el agotamiento emocional, la despersonalización y la realización personal.

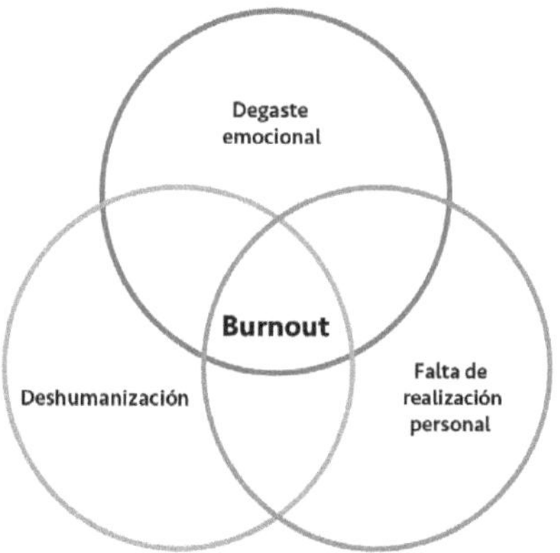

El desgaste emocional

La persona víctima de desgaste profesional siente constantemente una presión tanto psicológica como física. Ante la tensión, la ansiedad, la fatiga intensa y/o el insomnio que marcan el ritmo de su día a día, el individuo se siente literalmente vacío de recursos emocionales.

La despersonalización

La persona se encuentra al límite de sus fuerzas y elige «blindarse» al mundo que la rodea, defendiéndose de toda carga afectiva mediante la despersonalización: considera a los otros como objetos o números, no como seres humanos de pleno derecho. Así, desarrolla una insensibilidad, así como una visión negativa de los demás y del trabajo en general. La despersonalización (también llamada «deshumanización» o «cinismo») actúa en cierta manera como un mecanismo de autodefensa, como un caparazón para protegerse del mundo exterior, que se ha vuelto demasiado doloroso.

La falta de realización personal

Maslach y Jackson entienden por «realización personal» las nociones de éxito y de control sobre los acontecimientos. El individuo que padece desgaste profesional tiene la impresión de no tener ningún control sobre lo que le sucede: la situación se le escapa de las manos por completo. Se siente incapaz de responder a los objetivos (irrealizables) que a menudo se ha fijado solo. Corroído por un sentimiento de fracaso, de frustración y de desánimo, tiene la impresión de que no vale para nada. Su autoimagen es muy baja.

Maslach y Jackson evalúan cada uno de estos aspectos mediante una serie de preguntas. En total el llamado *Maslach Burnout Inventory (MBI)* está compuesto por 22 preguntas. Su modelo se ha impuesto como una referencia en materia de diagnóstico del síndrome de desgaste profesional.

<u>PEQUEÑO PLUS</u>

Después del MBI apareció otro cuestionario destinado a diagnosticar el *burnout*: el test de Copenhague (Kristensen *et al.* 2005). Te proponemos que te sometas a él en el capítulo «<u>¡Ahora es tu turno!</u>».

Uno no cae en el *burnout* de un día para otro. Se trata de un proceso lento y progresivo que adopta la forma de un ciclo. El fenómeno puede dividirse en varias fases, que dependen según los analistas.

El modelo de Freudenberger y North (1985) se considera una referencia y cuenta con 12 etapas. Las fases no siguen necesariamente el orden establecido aquí abajo: algunas pueden dejarse de lado, otras acumularse, etc. Finalmente, la duración de cada una de ellas varía de un individuo a otro.

1 – Una motivación sin límites

Desbordas energía y te implicas al cien por ciento en tu trabajo. Solo tienes una cosa en la cabeza: dar lo mejor de ti mismo. ¡No hay lugar para la mediocridad! Te autoimpones la misión de ofrecer calidad cueste lo que cueste. Estás lleno de ambición y quieres dar ejemplo. Tienes como objetivo tanto la perfección como el que te valoren.

2 – Las excesivas exigencias

En tu constante búsqueda de la perfección, te obligas a ir más allá de tus límites. No dudas en hacer horas extra o en seguir trabajando en casa. Tus momentos de descanso son escasos, ya que el trabajo ocupa cada vez un lugar más importante en tu cabeza.

3 – La no consideración de las necesidades personales

A menudo sacrificas tu ocio y tu tiempo libre a favor del trabajo. Sales menos, comes más rápido, duermes menos horas. Cada vez escuchas menos a tu cuerpo. Simplemente, «no tienes tiempo para eso».

4 – La huida

Se multiplican los momentos de malestar, de estrés o incluso de pánico. Sin embargo, no logras darte cuenta del origen de tus preocupaciones. Te dices que «todo se acabará arreglando» y que «solo es una mala fase». Cuando surgen las tensiones y los conflictos, eliges la huida.

5 – La redefinición de los valores

El trabajo se ha convertido en tu absoluta prioridad. Relegas a un segundo plano tus valores tradicionales: desatiendes cada vez más a tus amigos y a tu familia y te aíslas. Asimismo, comienzas a ver de otra manera a los demás: por ejemplo, cada vez permites menos que te contradigan.

6 – La negación de los problemas

Te muestras cada vez menos paciente y tolerante hacia los demás. Incluso a veces te muestras agresivo. Según tú, el que tus problemas se multipliquen se debe a que estás sobrecargado de trabajo, a que te falta tiempo o a la incompetencia de tus colegas.

7 – El repliegue en uno mismo

Ya no sales y no sientes la necesidad (¿o no tienes ganas?) de ver a los demás. Tus interacciones sociales se reducen a lo estrictamente necesario. El mundo exterior se ha vuelto demasiado agotador, y sientes un nudo de angustia que ya no te abandona... ¿Puede que recurras a algunos excesos para aliviar el estrés que te invade? Por ejemplo, puede que bebas o que fumes más que de costumbre.

8 – Los cambios manifiestos de comportamiento

El cansancio, el estrés y la soledad te han invadido. Tus personas cercanas dicen que ya no te reconocen: últimamente estás «raro», los «no tienes pinta de estar bien» se multiplican, etc. En el fondo, eres el único que aún no se ha dado cuenta de tu cambio de actitud.

9 – La despersonalización

Crees que ya no tienes nada bueno que ofrecer. Has perdido cualquier confianza en ti mismo y en tus capacidades. Tu autoestima está muy baja. Tu existencia se resume en una sucesión de actos mecánicos desprovistos de toda emoción.

10 – Un vacío interior

Sientes un inmenso vacío en tu interior. Un vacío que intentas llenar desesperadamente mediante todo tipo de excesos: tabaco, alcohol, drogas o sexo, por ejemplo.

11 – La depresión

Estás agotado, desesperado y apático, y ya no te apetece

nada: ni en el trabajo, ni con los demás, ni en la vida. Estás sumido en la oscuridad, y la idea de un futuro mejor te parece simplemente inconcebible.

12 – El *burnout* propiamente dicho

Llegado a este punto tocas fondo. Ya no ves la luz al final del túnel, hasta el punto de tener pensamientos suicidas. Tu cuerpo y tu mente están al borde del colapso. Ahora te das cuenta, pero ya está muy bien asentado: el desgaste profesional se ha adueñado de ti. En este momento, solo tienes una opción: ¡pedir ayuda lo antes posible!

Este esquema no es nada apetecible, ¿verdad? ¿Te has reconocido quizás en algún punto de estas descripciones? ¿A lo mejor a alguien cercano? En ambos casos, está en tus manos: ¡dile «¡basta!» a esta espiral infernal antes de que sea demasiado tarde!

CUANDO EL DESGASTE PROFESIONAL ACECHA

Aunque el síndrome de desgaste profesional es un proceso insidioso, es posible detectar señales precursoras. La detección precoz de estos síntomas permitirá frenar y combatir la evolución hacia este punto sin retorno. La siguiente lista es un reflejo no exhaustivo de análisis acumulados sobre los síntomas del desgaste profesional. Reagrupa sobre todo los estudios de Freudenberger (1974), Cherniss (1980), Bährer-Kohler (2012) y Mone y London (2014). De forma general, los síntomas pueden clasificarse atendiendo a tres aspectos: psicológico, comportamental y físico.

Síntomas psicológicos

La primera manifestación de desgaste profesional en el plano psicológico es, evidentemente, una intensa fatiga emocional. El individuo que sufre *burnout* siente un malestar y un estrés perpetuo. Esta ansiedad, que a menudo roza la paranoia, desarrolla en la persona una hipersensibilidad: pueden enfadarse por nada y ser un mar de lágrimas un minuto más tarde. Esta pérdida de control le empuja a resguardarse, hasta el punto de vaciarse de toda emoción. Le invade un sentimiento general de fracaso e impotencia, y ya no es capaz de luchar. El desánimo le ha hecho simplemente incapaz de enfrentarse a situaciones problemáticas, de concentrarse o incluso de escuchar. Corroído por la culpabilidad, elige aislarse y encerrarse así en el silencio.

Síntomas comportamentales

No es fácil detectar los síntomas psicológicos a no ser que tengas una relación muy cercana con la persona en cuestión. Pero sí podrás, por ejemplo, detectar las señales que apuntan al desgaste profesional de un colega o de un empleado través de su comportamiento cotidiano. O, más en concreto: en su cambio de comportamiento. Antes implicado y motivado, ahora muestra una verdadera aversión por el trabajo: cuando no está ausente, llega con pies de plomo y mira regularmente la hora. Adepto a la procrastinación (tendencia patológica que lleva a dejarlo todo para el día siguiente), es poco productivo y de una lentitud y distracción alarmantes. Sus relaciones con los demás también han cambiado totalmente: callado y en retirada, huye de las conversaciones y no le gusta que le contradigan. Es irritable y a veces se muestra impulsivo e incluso agresivo. Su indiferencia y su falta de empatía se unen a un pesimismo y cinismo desconcertantes.

Síntomas físicos

El desgaste profesional provoca, finalmente, un gran número de problemas a nivel físico. Aún en este punto, las molestias se relacionan con el estés inherente al síndrome. Por supuesto, el primer síntoma es una fatiga física, intensa y crónica. Las personas que sufren un desgaste profesional padecen regularmente fuertes migrañas, así como dolores abdominales o estomacales. La tensión continua también puede ocasionar rigidez muscular. Pueden manifestarse crisis de angustia, acompañadas de un aumento del ritmo cardiaco, de hipertensión y de hiperventilación. El *burnout* también puede provocar síntomas físicos característicos de la depresión: trastornos del sueño (insomnio), pérdida de apetito y náuseas o mareos.

Sea cual sea su naturaleza, los síntomas del síndrome de desgaste profesional son muy similares a los del estrés y la depresión, pero siempre se originan en el ámbito profesional. Por definición, la persona víctima de *burnout* demuestra una desafortunada tendencia a no escuchar a su cuerpo. Le corresponde por tanto a su entorno el prestar atención a las señales de alarma y a las eventuales manifestaciones del síndrome. Así pues, si sospechas que un ser querido padece este síndrome, invítale a hablarlo con él y a que acuda a un especialista.

UN CÓCTEL EXPLOSIVO

Ahora ya eres capaz de identificar las primeras señales del círculo infernal que representa el síndrome de desgaste profesional. Pero, ¿cuáles son los factores que se sitúan en el origen del fenómeno? ¿Hay personas que están más expuestas que otras? ¿Todos somos iguales ante el *burnout*? Dominique Rulkin, psicólogo del trabajo, explica que el síndrome resulta de una combinación de factores propios de tres dominios particulares: el contexto profesional, el contexto personal y el contexto relacional.

Contexto profesional

El *burnout* se distingue del estrés y de la depresión sobre todo porque su origen se encuentra sistemáticamente en el ámbito laboral. En este campo, son muchos los aspectos que hay que tener en cuenta y llevan a que el individuo corra el riesgo de derrumbarse.

La naturaleza del trabajo propiamente dicho puede ser

una fuente de desgaste. En primer lugar, la tarea puede exigir mucho tiempo e inversión debido a su complejidad. La carga de trabajo también puede resultar especialmente importante. El trabajo puede, además, requerir una gran responsabilidad, o jugar con consecuencias importantes para otras personas, por ejemplo. Finalmente, el respetar plazos muy ajustados también puede ser uno de los factores de ansiedad.

A estas exigencias específicas del trabajo como tal hay que añadirle otras consideraciones propias del entorno laboral y de la vida en la oficina. Un mal ambiente también puede desempeñar un papel importante en la aparición del síndrome. O incluso el hecho de no encontrar su lugar en la organización, de no compartir el espíritu y los valores de la empresa. Una mala organización general (instrucciones poco claras, material no adaptado a las necesidades, etc.) también tendrá un efecto negativo. No olvidemos otro factor importante: la falta de gratitud, que lleva con toda seguridad a una baja autoestima.

Contexto personal

Aunque el *burnout* está intrínsecamente relacionado con el ámbito profesional, también se ve beneficiado por algunos rasgos de la personalidad inherentes a cada persona.

El más evidente es sin duda la implicación desmesurada que el individuo puede demostrar por su trabajo. La presión que sufre el trabajador a menudo es cualitativa: la ambición y el perfeccionismo le llevan a hacer siempre más. Un compromiso fuera de lo normal también puede reflejar un alma idealista, por no decir utópica.

Igualmente, las personas que tienden a olvidarse de sí mismas en beneficio de su conciencia profesional muestran una predisposición al *burnout*. Cabe decir también que tienen una baja autoconfianza. La falta de asertividad (incapacidad a decir «no») constituye otro rasgo típico de los candidatos a sufrir este síndrome. A los que les cuesta delegar o ponerse límites también les será difícil establecer una distinción entre la vida profesional y la vida privada. Corren el riesgo de encontrarse en situaciones difíciles de gestionar.

Contexto relacional

El conjunto de relaciones sociales de un individuo también puede desempeñar un papel en la aparición del síndrome. El desgaste profesional no es resultado directo de un entorno amistoso, cálido y familiar. Sin embargo, las dificultades en estos ámbitos pueden contribuir al estrés acumulado por el trabajador, y por tanto hacer que este último se precipite al abismo. Por el contrario, las personas que están bien rodeadas o que se sienten realizadas en su vida privada tenderán menos a replegarse en el trabajo.

La unión de estos diversos factores de riesgo, rasgos de personalidad y predisposiciones puede acabar siendo un cóctel explosivo. En general, lo importante es respetar un equilibrio entre la vida profesional y la vida privada, y ponerse límites desde el principio.

Ahora te toca a ti plantearte algunas preguntas clave relacionadas con estos tres niveles de medida:

- ¿Cómo percibes tu trabajo? ¿Tienes la sensación de dominar la situación? ¿Sientes una intensa fatiga?
- ¿Cómo te definirías en el plano personal? ¿Te reconoces en el perfil de las personas en riesgo?
- ¿Cómo describirías tus relaciones sociales? ¿Cuál es tu visión de los demás?

LOS MEJORES CONSEJOS

- ¡No hagas demasiado! Respeta unos horarios de trabajo decentes y evita acumular horas extra o, lo que es peor, llevarte trabajo a casa. Cuando sientas que lo necesitas, cógete uno o varios días de vacaciones. Recuérdate que nadie es irremplazable: la empresa no parará de girar en tu ausencia.

LO QUE HAY QUE EVITAR

En la era de los smartphones y de la hiperconectividad, a veces es difícil establecer una distinción clara entre el trabajo y la vida privada. Aprende, sin embargo, a desconectar, tanto en sentido literal como figurado: sobre todo, evita consultar tus mensajes de correo electrónico fuera de las horas de trabajo.

- Fíjate objetivos razonables. Tener ambición es bueno; saber distinguir lo posible de lo imposible es mejor. La mayoría de los candidatos al síndrome de desgaste profesional se fijan objetivos puramente utópicos: la desilusión que los acompaña es enorme. Sé exigente contigo mismo respetando tus límites.
- Estructura tu trabajo. Establece prioridades: ¿cuáles son las tareas más importantes? ¿Las más urgentes? ¿Las más complejas? Procede etapa por etapa, recurriendo a listas si es necesario. Este método te permitirá medir mejor la carga de trabajo.

- Aprende a delegar. No asumas solo/a una carga de trabajo demasiado grande: reparte las tareas. No ofenderás a tus colegas al confiarles una u otra tarea. Al contrario, les demostrarás que confías en ellos.
- Préstale atención a tus necesidades Dedícale entre media y una hora a sentarte a la mesa. Regálate una pausa para el café. Respeta un número de horas de sueño adecuado. Tómate el tiempo de desayunar (en familia, preferentemente). Haz deporte.
- Confía en ti mismo. Una gran parte del *burnout* está relacionada con la autoestima. La necesidad de que valoren tu trabajo constantemente lleva a buscar (desesperadamente) el reconocimiento y, generalmente, a trabajar demasiado. Siéntete orgulloso de lo que haces.
- Toma distancia con respecto a tus relaciones profesionales. La falta de calidez humana también puede desempeñar un papel en la aparición del síndrome de desgaste profesional. De la misma forma, no busques que tus colegas se conviertan en tus amigos a toda costa. No te tomes demasiado a pecho las críticas profesionales. La crítica se formula con un objetivo constructivo y no compromete en ningún caso tus cualidades humanas.
- ¡Rodéate de gente! Entre los perfiles en riesgo, nos encontramos con individuos poco satisfechos en el plano personal, que tienden a replegarse en su trabajo. Disfruta de los fines de semana para reunirte con tus seres queridos: valora los momentos en familia y sal con los amigos.

En resumen, intenta encontrar siempre la medida justa entre el ámbito laboral y la esfera privada. No dejes que los problemas en la oficina afecten todo lo demás. No te olvides de que el trabajo forma parte de tu vida; no es tu vida.

PREGUNTAS FRECUENTES

¿CÓMO RECONOCEMOS EL DESGASTE PROFESIONAL?

El *burnout* es un malestar que se origina en el ámbito profesional. Este proceso, largo e insidioso, surge principalmente del sentimiento de desilusión, de fracaso y de desesperanza que nace cuando una persona se exige demasiado en el ámbito profesional.

Este síndrome expresa un estado general de sufrimiento, pero se caracteriza por una intensa fatiga que se siente en tres niveles en especial:

- emocional: al límite de sus fuerzas, el individuo está vacío de emociones;
- relacional: por miedo a sufrir más, el individuo se aísla del mundo exterior;
- personal: desanimado, el individuo pierde su autoestima.

Estas tres señales de alerta —que no engañan— se añaden a toda una serie de síntomas psicológicos, como la paranoia, comportamentales, como la procrastinación, y físicos, como migrañas y dolores abdominales.

ESTRÉS O DESGASTE PROFESIONAL: ¿EN QUÉ PUNTO HAY QUE ALARMARSE?

La frontera entre el estrés y el *burnout* puede parecer estrecha, ya que ambos conceptos están íntimamente ligados.

Mientras que el estrés puede estar causado por un gran número de factores de todo tipo, el *burnout* siempre está relacionado con el ámbito laboral.

Además, las personas que sufren el síndrome atraviesan sistemáticamente estados de estrés, pero la reciprocidad no es siempre real. Dicho de otra forma, una persona estresada no tiene por qué caer en las garras del síndrome de desgaste profesional. En realidad, todo depende de la capacidad que tenga el individuo para gestionar su estrés. Cuando las situaciones de estrés se vuelven crónicas y las acompaña una pérdida de control sobre los acontecimientos, es muy recomendable consultar a un especialista.

¿EXISTEN PROFESIONES DE RIESGO?

Aunque nadie está a salvo de padecer el síndrome de desgaste profesional, se ha comprobado que algunas profesiones presentan más casos que otras. Entre los sectores de actividad más afectados se encuentran sobre todo:

- las profesiones llamadas «de apoyo», como los cuidados sanitarios (médicos y personal sanitario), los asistentes, etc.;
- la educación, como los profesores, los formadores, los educadores, etc.;
- las profesiones vinculadas con la seguridad, como los bomberos, los policías, los agentes de protección civil, etc.

En general, las profesiones en las que la relación con los demás ocupa un lugar preponderante parecen estar más expuestas al síndrome de desgaste profesional.

¿EL DESGASTE PROFESIONAL ES UNA ENFERMEDAD?

El *burnout* no es una enfermedad en el sentido clínico del término. Se define como un síndrome, es decir, valiéndonos de la definición del Diccionario de la Real Academia Española, un «conjunto de síntomas característicos de una enfermedad o un estado determinado».

El síndrome de desgaste profesional tampoco se puede considerar un trastorno de la personalidad, en el mismo nivel que la neurosis o la esquizofrenia, por ejemplo. Se trata de un cambio comportamental que resulta de una exposición larga y continua al estrés.

¿EL DESGASTE PROFESIONAL ESTÁ RECONOCIDO POR LEY?

En algunos países el síndrome de desgaste profesional está oficialmente reconocido por la legislación. Por ejemplo, es el caso de Bélgica, donde esto ocurre desde el 1 de septiembre de 2014. Este reconocimiento implica que el Comité de prevención y de protección laboral está encargado de proceder a un análisis de riesgos. Por lo tanto, es su tarea tomar las medidas necesarias con el fin de combatir los «riesgos psicosociales» en una empresa. De la misma forma, un empleado que padezca el síndrome de desgaste profesional puede introducir una solicitud de intervención ante el consejero de prevención.

En Francia, en diciembre de 2014, una treintena de diputados apelaron al reconocimiento del síndrome de desgaste profesional como una enfermedad laboral. Este estatus permitiría que los trabajadores ya no tendrían que soportar los gastos derivados de este mal, sino los empleadores. Aunque, actualmente, el síndrome de desgaste profesional no está inscrito oficialmente en la lista de enfermedades profesionales en Francia, su reconocimiento como tal sigue siendo posible mediante algunos complicados procedimientos. Para garantizarlo, el enfermo debe demostrar una incapacidad laboral permanente de un 25% como mínimo y evidenciar que esta está directamente relacionada con su profesión.

¿EL DESGASTE PROFESIONAL ES CONTAGIOSO?

Debido a que la primera causa del *burnout* es el ámbito profesional, no es de sorprender que varios trabajadores de una misma empresa o de un mismo servicio se vean afectados colectivamente por el síndrome. El motivo de tal fenómeno puede ser, por ejemplo, la toma de medidas organizacionales: los empleados afectados por la reorganización se muestran menos motivados y se quejan más. De esta forma, un mal ambiente laboral aumenta el riesgo de *burnout*.

De ahí a llegar a la conclusión que este síndrome es contagioso hay un paso. Por ello es importante el papel de la comisión de prevención y de protección en el trabajo para detener la evolución del síndrome de desgaste profesional en la empresa.

¿A QUIÉN DIRIGIRSE EN CASO DE PADECER DESGASTE PROFESIONAL?

Cuando aparezcan los primeros signos precursores de *burnout*, lo mejor es acudir a un especialista. Sin duda, la persona más adecuada para ayudarte es tu médico, que te conoce y que puede detectar con facilidad un cambio en tu comportamiento.

También puedes dirigirte al consejero de prevención de tu empresa, o incluso a un coach profesional. A diferencia de un médico, que tenderá a concentrarse en el tratamiento médico para paliar los diversos síntomas que presentes, un coach te acompañará en tu proceso de curación ofreciéndote las claves necesarias para gestionar mejor tu estrés en el día a día.

En el caso de síndromes de desgaste profesional más graves, puedes considerar dirigirte a un psicoterapeuta y/o seguir un tratamiento psiquiátrico.

¡AHORA ES TU TURNO!

24 años después del modelo de Maslach y Jackson, Kristensen (2005) propone, por su parte, un test destinado a prevenir y a diagnosticar el síndrome de desgaste profesional. El Copenhagen Burnout Inventory (CBI) o el «test de Copenhague» está formado por 19 preguntas repartidas en los tres ejes del síndrome: personal, profesional y relacional.

En su página web *Thérapie brève*, el psicoterapeuta Peter Cogen propone una versión digital de este test libre de derechos. Te proponemos que lo hagas para evaluar tu grado de desgaste. Aunque el resultado no tiene valor médico, te permite determinar si es necesario acudir a un médico.

Completa cada afirmación y apunta el número de puntos correspondientes. La noción «clientes» debe entenderse como el público con el que estás en contacto en el ámbito laboral.

El degaste personal

	DEGASTE PERSONAL	Nunca o casi nunca	Raramente	A veces	A menudo	Todo el tiempo
		Muy bajo	Bajo	Medio	Elevado	Muy elevado
1	Estoy cansado/a...	0	1	2	3	4
2	Estoy físicamente agotado/a...	0	1	2	3	4
3	Estoy emocionalmente agotado/a...	0	1	2	3	4
4	Me digo que no puedo más...	0	1	2	3	4
5	Me siento vacío/a...	0	1	2	3	4
6	Me siento débil y susceptible de caer enfermo...	0	1	2	3	4

Resultados

- < 13: presentas pocos o ningún signo de desgaste personal.
- 13 a 17: presentas algunos signos de desgaste personal; préstales atención.
- > 17: estás agotado/a física y psicológicamente.

El degaste profesional

	DEGASTE PROFESIONAL	Nunca o casi nunca	Rara- mente	A veces	A menudo	Todo el tiempo
		Muy bajo	Bajo	Medio	Elevado	Muy elevado
7	Mi trabajo es emocionalmente agotador en un grado…	0	1	2	3	4
8	Mi trabajo me agota en un grado…	0	1	2	3	4
9	Mi trabajo me frustra en un grado…	0	1	2	3	4
10	Me siento vacío/a al final de la jor- nada laboral…	0	1	2	3	4
11	Cuando me levanto, me agota la mera idea de enfrentarme a una nueva jornada laboral…	0	1	2	3	4
12	Cada hora de trabajo me parece muy difícil de llevar…	0	1	2	3	4
13	Me falta energía en las actividades de ocio con mi familia y con mis amigos…	0	1	2	3	4

Resultados

- < 15: presentas pocos o ningún signo de desgaste profesional.
- 15 a 19: presentas algunos signos de desgaste profesional; préstales atención.
- > 19: tu trabajo te agota física y psicológicamente.

El degaste relacional

	DEGASTE RELACIONAL	Nunca o casi nunca Muy bajo	Rara-mente Bajo	A veces Medio	A menudo Elevado	Todo el tiempo Muy elevado
14	Trabajar con mis clientes me resulta difícil en un grado...	0	1	2	3	4
15	Trabajar con mis clientes es frustrante en un grado...	0	1	2	3	4
16	Trabajar con mis clientes me agota en un grado...	0	1	2	3	4
17	Considerando lo que me entrego a mis clientes, lo que me devuelven me decepciona en un grado...	0	1	2	3	4
18	Trabajar con mis clientes me cansa...	0	1	2	3	4
19	Me pregunto cuánto tiempo más aguantaré en este trabajo...	0	1	2	3	4

Resultados

- < 13: presentas pocos o ningún signo de desgaste relacional.
- 13 a 17: presentas algunos signos de desgaste relacional; préstales atención.
- > 17: tus relaciones profesionales te agotan física y psicológicamente.

¡Tu opinión nos interesa!
¡Deja un comentario en la página web de tu librería en línea,
y comparte tus favoritos en las redes sociales!

PARA IR MÁS ALLÁ

FUENTES BIBLIOGRÁFICAS

- Association France Burn Out. 2015. "Reconnaissance de la maladie professionnelle". *AFBO*. Febrero. Consultado el 15 de mayo de 2015. http://asso-franceburnout.fr/reconnaissance-de-la-maladie-professionnelle/
- Bährer-Kohler, Sabine. 2012. *Burnout for Experts: Prevention in The Context of Living and Working*. Nueva York: Springer Science & Business Media.
- Bradley, Harold. 1969. "Community-Based Treatment For Young Adult Offenders". *Crime and Delinquency*. Reino Unido: SAGE Publications, vol. 15.
- Cherniss, Cary. 1980. *Staff Burnout. Job Stress in the Human Services*. California: SAGE Publications.
- Cogen, Peter. 2015. "Burnout. Questionnaire CBI (Copenhagen Burnout Inventory)". *Thérapie breve*. Abril. Consultado el 20 de marzo 2015. http://www.therapie-breve.be/plus/tests/burnout-cbi
- Eychenne, Alexia. 2014. "Burn-out: l'entreprise va-t-elle bientôt payer?". *L'Express*. 22 de septiembre. Consultado el 15 de mayo de 2015. http://www.lexpress.fr/emploi/gestion-carriere/burn-out-l-entrepriseva-t-elle-bientot-payer_1577458.html
- Freudenberger, Herbert. 1974. "Staff burn-out". *Journal of Social Issues*, vol. 30. Nueva York: Wiley-Blackwell.
- Freudenberger, Herbert y Gail North. 1985. *Women's Burnout. How to Spot it, How to Reverse it and How to Prevent it*. Nueva York: Doubleday.
- Freudenberger, Herbert. 1987. *L'épuisement professionnel:*

La brûlure interne. Chicoutimi (Quebec): Gaëtan Morin.
- Kristensen, Tage, Marianne Borritz, Ebbe Villadsen y Karl Christensen. 2005. "The Copenhagen Burnout Inventory: A New Tool For The Assessment of Burnout". *Work & Stress*, vol. 19, n.° 3, 192-207.
- Maslach, Christina. 1976. "Burned-out". *Human Behaviour*, vol. 9.
- Maslach, Christina y Susan Jackson. 1981. "The Measurement of Experienced Burnout". *Journal of Occupational Behavior*, vol. 2 Nueva Jersey: John Wiley & Sons Ltd.
- Mone, Edward y Manuel London. 2014. *Employee Engagement Through Effective Performance Management: A Practical Guide For Managers*. Nueva York: Routledge.
- Munster, Jean-François. 2014. "Le burn-out reconnu par la loi dès le 1er septembre". *Le Soir*. 28 de agosto. Consultado el 24 de marzo de 2015. http://www.lesoir.be/638235/article/actualite/sciences-et-sante/2014-08-28/burn-out-reconnu-par-loi-des-1er-septembre
- Rulkin, Dominique. 2015. "Dossier burn-out". *Le Psychologue*. Consultado el 18 de marzo de 2015. https://www.lepsychologue.be/articles/burn-out-sommaire.php

FUENTES COMPLEMENTARIAS

- Coenart, Virginie. 2014. "Le burn out vous guette-t-il?". *Gojimag*. 5 de mayo. http://www.gojimag.be/article/le-burn-out-vous-guette-t-il-voici-10-signes-qui-doivent-vous-alarmer-294466.aspx

- Delbrouck, Michel. 2003. *Le burn-out du soignant. Le syndrome d'épuisement professionnel*. Bruselas: De Boeck Supérieur.
- Haikin, Dimitri. 2014. "Le burn-out". *Psy.be*. 21 de marzo. http://www.psy.be/travail/fr/maletre/burn-out.htm
- Langevin, Valérie. 2014. "Burnout: mieux connaître l'épuisement professionnel. Décryptage". *Hygiène et sécurité du travail*, n.° 237. Diciembre. Consultado el 1 de diciembre de 2016. http://www.inrs.fr/media.html?refINRS=DC%207
- Languirand, Jacques. 1987. *Prévenir le burn-out*. Montreal: Éditions Héritage.
- Lupien, Sonia. 2010. "Le Burn Out (Epuisement professionnel)". *Passeport Santé*. Diciembre. Consultado el 1 de diciembre de 2016. http://www.passeportsante.net/fr/Maux/Problemes/Fiche.aspx?doc=epuisement_professionnel_pm
- Zawieja, Philippe y Franck Guarnieri. 2013. *Épuisement professionnel: Approches innovantes et pluridisciplinaires*. París: Armand Colin.

en50MINUTOS.es
Historia
Economía y empresa
Coaching
EL DIAGRAMA DE ISHIKAWA
Material   Método   Máquina
Madre Naturaleza   Medida   Hombres
LA GUERRA DE PALESTINA DE 1948
DOMINA EL ARTE DEL NETWORKING

www.en50Minutos.es

ISBN ebook: 9782806277626

ISBN papel: 9782806285614

Depósito legal: D/2016/12603/497

Libro realizado por Primento, *el socio digital de los editores*